Mon Premier Livre
de Cuisine

Mon Premier Livre de Cuisine

Monique Souchon

GRÜND

Table

Photo de couverture : *Vous trouverez la recette de ce gâteau page 50. Les œufs colorés qui sont autour se réalisent de la façon suivante : faites dissoudre dans de l'eau bouillante vinaigrée un colorant pour denrées alimentaires et peignez les œufs cuits, encore chauds. Lorsque la teinture est sèche, frottez les œufs avec du lard pour les rendre brillants.*

Notes :

1. Les astérisques placés après le titre des recettes indiquent leur degré de difficulté :

    * très facile

    ** facile, mais intervention du feu

   *** plus élaboré

**** très élaboré

2. Les astérisques placés après un mot ou une expression, au cours du texte, renvoient à l'index pratique qui indique la page où est expliquée la manière de procéder.

3. Les quantités indiquées en cuillerées se mesurent en cuillères rases.

4. Le sucre est du sucre semoule, sauf indication contraire.

5. Le four doit toujours être préchauffé, sauf indication contraire.

LA CUISINE,
UN PLAISIR UTILE

Comment utiliser ce livre

Voici votre premier livre de cuisine : il va vous initier aux plaisirs de la table. Tous les plats que vous avez dégustés jusqu'ici étaient élaborés par vos parents. Désormais, vous pourrez leur faire goûter vos propres recettes et préparer tout seuls, mais sous leur œil bienveillant, les menus qui vous auront inspirés.

Cependant, il ne faut pas oublier que la cuisine — enceinte sacrée au temps jadis — est un lieu d'expériences, amusant mais dangereux : un peu comme un laboratoire. Les accidents qui peuvent s'y produire sont multiples et variés : de la coupure à la brûlure, en passant par les risques d'explosion. Le matériel qui sert à l'élaboration des repas est non seulement dangereux mais aussi coûteux : il ne s'agit pas de le casser par manque d'attention. Il ne faut pas non plus gaspiller la nourriture pour « s'amuser à la dînette ». Le laboratoire-cuisine, enfin, est un lieu propre, ordonné, où chaque objet a sa place précise : si vous transformez le laboratoire en chantier, vous risquez fort de vous voir interdire pour longtemps le renouvellement de l'expérience.

Pour se débrouiller seul, il faut commencer par observer une grande personne, par suivre ses conseils. Si vous ne comprenez pas quelque chose, il vaut mieux demander à vos parents. Livrez-vous à vos premières expériences en la présence de l'un d'eux : il ne sera pas là pour vous surveiller, mais pour vous aider.

De toute façon, que ce soit pour brancher la cafetière électrique ou hacher un oignon, n'entreprenez rien sans avoir obtenu leur accord : autant cuisiner peut être un jeu plein d'intérêt et de surprises, autant il n'est pas question de risquer pour cela sa santé ou sa vie.

Le monde des sens

La cuisine éveille tous nos sens : le toucher lorsqu'il s'agit de pétrir une pâte ; l'ouïe lorsque le minuteur du four se met à sonner pour indiquer la fin de la cuisson, lorsque le lard grésille dans la poêle ; la vue par l'agencement des couleurs, leur explosion ou leur douceur lorsqu'elles se fondent, le soin porté à la présentation d'un plat ; l'odorat lorsque les pommes à la cannelle qui cuisent à feu doux commencent à dégager un parfum de miel ou... lorsqu'un gâteau brûle ; le goût parce qu'il faut toujours vérifier l'assaisonnement pour être sûr de ne pas trop sucrer, saler, poivrer.

Un monde donc où, pour avoir quelque chance de succès, l'attention doit être toujours présente et les sens constamment en éveil.

Le monde où tout change

Curieuse alchimie qui préside au changement des blancs d'œufs battus en neige en un soufflé doré. Les gâteaux lèvent, les soufflés gonflent, les oignons deviennent transparents, les betteraves épluchées laissent les doigts tout rouges.

Un art de la présentation

Dans la cuisine, comme partout ailleurs, on peut, avec presque rien, faire des merveilles. Quoi de plus banal qu'une boîte de crabe ? Si vous vous contentez de l'ouvrir, de la poser sur la table et d'ouvrir un pot de mayonnaise à côté, personne n'aura faim. Mais, si vous vous donnez la peine de l'émietter à la fourchette, d'enlever tous les cartilages, de le mélanger avec du citron et de la mayonnaise, et de le présenter au creux d'un avocat ou dans un joli bol, vous remporterez un tout autre succès. Vous serez alors heureux de la peine que vous aurez prise.

7

PETIT DICTIONNAIRE DE LA CUISINE

LES USTENSILES

La cuisine comporte toute une batterie d'ustensiles dont certains sont plus connus ou plus fréquemment utilisés que d'autres.

Les ciseaux (1), **les couteaux** (2) sont toujours d'actualité, de même que l'**épluche-légumes** (3). Avec les ciseaux, vous couperez des herbes fraîches dans un verre ; les couteaux serviront à trancher tous types d'ingrédients ; quant à l'épluche-légumes, sa fonction est capitale pour éplucher carottes, pommes de terre, aubergines, courgettes ou autres légumes à peau ferme.

Le moule à manqué (4), qui peut se transformer en moule à tarte en ajoutant un élément, vous servira pour faire les tartes, les quatre-quarts, les gâteaux au yaourt.

Le dénoyauteur (5) est très utile pour enlever les noyaux d'olives, de cerises ou de mirabelles.

L'aiguisoir (6) vous servira à affûter les couteaux ou ciseaux. On peut aussi utiliser la pierre à aiguiser ou le fusil, instrument métallique.

Le zesteur (7) sert à détacher des zestes très fins de citrons et d'oranges. Si vous n'en avez pas, utilisez un éplucheur.

Le presse-ail (8) permet d'écraser les gousses d'ail, après les avoir épluchées. Ce petit appareil simplifie le travail, le rend moins pénible qu'au mortier et moins dangereux qu'au hachoir.

L'écumoire (9) a toujours son utilité : elle intervient lorsque la passoire n'est pas indispensable, pour retirer des légumes ou d'autres aliments d'un liquide de cuisson.

Les pelles (10), très utilisées sauf dans les poêles protégées par un revêtement en teflon, servent à retourner les poissons, à soulever des œufs ou d'autres ingrédients fragiles ou friables.

Le moulin à légumes (11) sert à écraser les légumes pour faire des potages ou des purées, de même que les fruits pour en faire des mousses.

Il est aujourd'hui largement concurrencé par le mixer simple qu'on enfonce dans le liquide : ce dernier se nettoie plus facilement. Il faut simplement penser à le débrancher avant de visser ou de dévisser l'axe.

La râpe (12) : avec ses quatre faces munies de trous de grosseur différente, elle permet de râper du chocolat, du gruyère, des carottes, etc.

Parmi les autres ustensiles, notons les **casseroles** pour faire bouillir de l'eau ; les **cocottes**, les **fait-touts** pour faire mijoter des aliments à feu doux ; les **poêles** pour faire frire ou revenir du lard, des oignons, de la viande ; les **plats à four** en verre ou terre à feu supportant les fortes températures, pour faire des gratins ; le **rouleau à pâtisserie** qui permet d'abaisser la pâte. Dans les **moules** à soufflé ou à cake, vous ferez non seulement des soufflés ou des cakes, mais aussi des terrines ou des charlottes. Il existe des

moules à tarte à fond amovible qui facilitent le démoulage en évitant les drames. Les **spatules** et les **cuillères en bois** n'abîment pas les poêles et les casseroles, car elles ne les rayent pas : en outre, elles évitent ces grincements insupportables du métal sur le métal quand on tourne une sauce ; avec les **spatules souples**, vous pourrez transvaser des sauces, des liquides ou de la pâte sans en perdre une once.

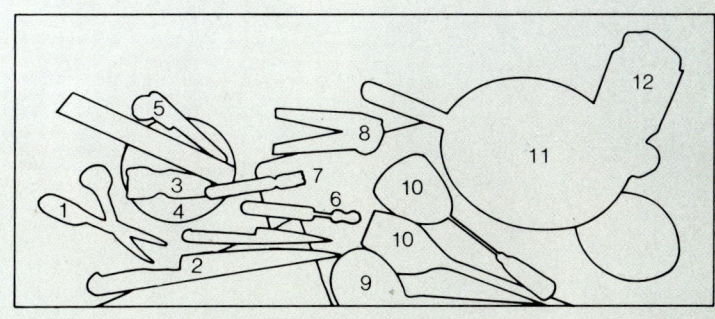

HERBES
ET ÉPICES

L'utilisation des herbes aromatiques pour parfumer les plats remonte à la nuit des temps. Dans ses premières tentatives pour se nourrir, l'homme a commencé par mâcher des herbes : il vit qu'elles étaient bonnes et s'en servit ensuite pour rehausser la saveur des mets. Il vit aussi qu'elles lui transmettaient leurs qualités particulières : le thym, le romarin le stimulaient, la sauge le fortifiait, tandis que l'estragon facilitait sa digestion ou que le laurier le calmait.

Mais il faut les connaître pour ne pas les utiliser à tort et à travers : si l'estragon se marie bien avec les légumes verts, les crudités, les plats de viande, de volaille ou de poisson, il sera mal venu dans un plat de lentilles, qui sera mieux mis en valeur si on lui ajoute du cumin.

L'ail est un bulbe qui se compose de plusieurs petites gousses. Son goût, très fort et très piquant, demande qu'on en use avec mesure : une seule gousse suffit à parfumer un plat. Avant de faire une salade ou un gratin dauphinois, on coupe une gousse en deux pour en frotter les parois du plat. On peut aussi ajouter une gousse entière dans un plat de légumes ou dans un ragoût, et la retirer en fin de cuisson. Dans un plat de viande, on ajoute souvent une gousse non épluchée que l'on enlève ou non avant de servir.

◁ **Le basilic** Le parfum de ses feuilles est assez fort, aussi faut-il l'utiliser avec mesure. Mais, comme il perd son goût en cuisant, il vaut mieux l'ajouter au dernier moment. Les salades, les champignons, les tomates, les pâtes prennent un goût délicieux avec un peu de basilic. Il est l'ingrédient de base de la traditionnelle soupe au pistou.

La ciboulette Ses feuilles hachées sont délicieuses dans les omelettes, les salades, les potages ou le fromage blanc battu avec un peu de sel et de poivre.

L'estragon Ses jolies feuilles en langue de dragon – comme l'indique son nom latin – étroites et brillantes, ont un parfum subtil qui parfume délicatement la vinaigrette, les légumes verts, les volailles, le poisson, les salades et les grillades.

Le laurier Ses feuilles entrent dans la composition du bouquet garni (avec le thym et le persil) et relèvent les marinades, le court-bouillon, le coulis de tomates, les potages et les plats de viande ou de légumes.

◁**La marjolaine et l'origan** Ils sont de la même famille, mais le second a un goût plus prononcé que la première. L'origan parfume les spaghetti et les pizza, tandis que la marjolaine est excellente avec la viande, des légumes un peu fades comme la courge, les pommes de terre ou avec du riz.

Le persil Ses feuilles hachées parfument les salades, les champignons, les haricots verts. Elles adoucissent le goût de l'ail et on peut les utiliser généreusement.

Le poivre Noires, grises ou vertes, ses baies relèvent tous les plats salés. Il ne faut jamais utiliser du poivre en poudre, mais des graines que l'on moud au dernier moment, avec un moulin à poivre.

Le quatre-épices Mélange d'épices typiquement français, composé de poivre, de muscade, de girofle en poudre et de gingembre. On l'utilise dans les marinades, les gibiers en sauce, mais il relève aussi les pommes de terre sautées.

◁**Le romarin** Ses petites feuilles courtes et raides, un peu comme des aiguilles de pin, relèvent les plats de viande ou de poisson, les grillades, les œufs ou le fromage.

La sarriette Ses feuilles longues et étroites, assaisonnent la viande, le poisson, les œufs, les haricots ou les potages.

Le thym C'est le composant essentiel du bouquet garni. Ses petites feuilles groupées en étoile ont un arôme puissant : il n'en faut pas beaucoup pour parfumer légumes et grillades. Depuis toujours, on l'associe à la force et au bonheur, aussi les dames du moyen âge brodaient-elles des branches de thym sur les vêtements des hommes qui partaient pour les croisades. Dans le Midi, où il pousse à l'état sauvage, il parfume toutes les collines.

LES TOURS DE MAIN DES « CHEFS »

Pour faire la cuisine, il ne suffit pas de lire des recettes. On peut être, au début, dérouté par un geste difficile à imaginer tant qu'on ne l'a pas fait : casser un œuf, par exemple. On peut ne pas se rendre compte du danger que représente un four brûlant tant qu'on n'a pas sorti un plat du four et qu'on ne s'est pas brûlé une bonne fois. Passer des centilitres donnés par la recette aux fractions de litre portées sur le verre mesureur peut désorienter : un tableau vous aidera à faire les conversions majeures ; ensuite, vous n'aurez plus qu'à ajouter ou à soustraire.

Le four On place, en général, les plats dans le four préchauffé, sauf lorsqu'il s'agit de faire réchauffer quelque chose. **Préchauffer le four,** c'est l'amener à la température désirée avant d'enfourner. Les fours à gaz peuvent être préchauffés plus rapidement. **Sortir un plat du four sans se brûler :** il faut d'abord enfiler des gants en amiante et se munir d'un linge propre pour plus de précautions. On fait sortir légèrement la grille d'une main et, de l'autre, on attrape solidement le plat que l'on tire doucement. Lorsqu'il est presque à moitié dehors, on le soutient avec l'autre main.

Petit tableau de conversion

CL	FRACTIONS DE L	CL	FRACTIONS DE L
100 cl	1 l	20 cl	1/5 l
75 cl	3/4 l	12,5 cl	1/8 l
50 cl	1/2 l	10 cl	1/10 l
25 cl	1/4 l	5 cl	1/20 l

Pour avoir 30 cl de lait, il suffit de verser 1/4 l et 1/20 l.

◁**Casser un œuf** Frapper la coquille d'un coup sec contre le bord de la jatte, retourner l'œuf et séparer les 2 moitiés de la coquille. Faire tomber l'œuf dans la jatte. **Pour séparer le blanc et le jaune :** après avoir écarté les 2 moitiés de la coquille, ne laisser couler que le blanc, sans faire tomber le jaune. Faire passer le jaune d'une moitié dans l'autre avec douceur sans le percer, plusieurs fois de suite, pour que tout le blanc s'écoule dans la jatte. Faire glisser ensuite le jaune dans un bol ou une autre jatte.

Fouetter des blancs en neige Pour qu'ils soient très fermes, c'est-à-dire qu'ils forment de petites pointes (on doit pouvoir retourner le plat sans que les blancs tombent), il faut ajouter au début une pincée de sel.

Pour incorporer les blancs Verser les blancs fouettés sur la préparation et soulever délicatement le mélange à partir du fond, pour enrober les blancs sans les casser.

◁**Laver les poireaux** Fendre la queue sur 5 cm dans le sens de la longueur, les plonger dans l'eau et bien nettoyer pour enlever toute la terre.

Laver les champignons Pour qu'ils ne noircissent pas, les laver à l'eau citronnée ou vinaigrée et les sécher dès qu'ils sont propres.

Peler des tomates Les plonger auparavant 3-5 mn dans l'eau bouillante.

Faire une bonne purée en flocons Il faut changer légèrement les proportions portées sur le sachet pour 4 personnes. Verser 50 cl d'eau et 10 cl de lait et incorporer 1 bonne cuillère à soupe de crème fraîche en tournant. Pour finir, ajouter une noix de beurre.

◁**Faire une omelette** Compter 2 œufs par personne, 1 cuillère à café d'eau, du sel et du poivre. Battre le tout dans une jatte. Faire fondre dans la poêle 1 grosse noix de beurre sans le laisser brunir, le verser dans les œufs et battre à nouveau. 1/ Faire chauffer 1 autre noix de beurre dans la poêle sans qu'elle noircisse. Verser les œufs battus. 2/ Soulever les bords de l'omelette avec une spatule et incliner la poêle pour que le liquide coule par-dessous. 3/ Quand l'omelette est dorée et baveuse, la faire glisser en la repliant sur un plat chaud. Pour une omelette aux fines herbes, ajouter 1 cuillère à soupe de ciboulette hachée dans les œufs battus.

Les œufs à la coque Les sortir du réfrigérateur 1/2 heure à l'avance. Les faire cuire 2 mn et demie dans l'eau bouillante. Les sortir, les déposer dans un linge propre et les envelopper pendant 1 mn, pour qu'ils « fassent leur lait » : ils sont à point.

Chauffer un plat de service Le remplir d'eau très chaude au robinet et vider l'eau juste au moment d'utiliser le plat.

LE LANGAGE DES « CHEFS »

Abaisser une pâte : aplatir la boule de pâte avec un rouleau à pâtisserie.

Al dente : se dit de la cuisson des pâtes lorsqu'elles sont juste cuites mais encore fermes, à l'italienne.

◁ **Bain-marie :** récipient que l'on place dans une casserole d'eau chaude pour faire chauffer les ingrédients qu'il contient.

Beurre manié : beurre mélangé intimement à un autre élément (farine, sucre, moutarde, etc.).

Déglacer : détacher, avec un liquide (eau, alcool ou citron), les sucs caramélisés au fond d'une poêle ou d'une casserole.

Ébouillanter ou échauder : verser de l'eau bouillante dans un récipient pour le réchauffer.

Écaler : enlever la coquille des œufs, des noix.

Émincer : couper en tranches fines.

Faire fondre des oignons : les faire revenir à la poêle avec du beurre pour qu'ils deviennent presque transparents.

◁ **Faire revenir :** faire dorer rapidement un aliment à la poêle avec du beurre, en tournant.

Glacer : recouvrir un gâteau avec un sirop.

Lier une sauce : la faire épaissir à feu doux en ajoutant de la farine, de la crème ou des jaunes d'œufs.

Mijoter : faire frémir un plat couvert à feu doux.

◁ **Napper :** 1) être onctueux, épais. On dit que la sauce doit napper la cuillère : elle doit s'y attacher et non pas retomber en filet maigre.
2) couvrir un plat de sauce salée ou sucrée, ou de sirop.

Papier paraffiné : papier imprégné de cire qui empêche la pâte d'y adhérer. Il n'absorbe ni l'humidité ni les corps gras.

Persillade : persil haché avec de l'ail que l'on ajoute à un plat à la fin de la cuisson.

Réduire : faire évaporer le liquide d'une sauce à gros bouillons pour qu'elle soit plus concentrée.

Se dissocier : fait que les éléments d'une sauce se séparent. Elle perd alors son onctuosité.

METTRE LE COUVERT
OU
DRESSER UNE TABLE

La table ne se prépare pas de la même manière pour un repas quotidien ou pour inviter des amis : ce jour-là, on dirait qu'elle s'habille, se fait belle, brille de tous ses feux. On ne voit plus qu'elle, ses bougies reflétées par les verres en cristal. Une table de fête peut être décorée avec des ramilles de sapin. Si elle est grande et qu'il y ait peu de couverts, on peut disposer dans un peu d'eau, au fond d'une coupe, des pétales de rose aux couleurs variées ou des fleurs, mais sans leur tige.

Jour de fête ou jour comme les autres, elle doit toujours être attrayante, gaie et mettre en appétit par le simple fait de la regarder : pas d'assiettes dépareillées ou ébréchées qui dansent la samba sur une ligne qui ondule. Elles doivent se faire face, être posées sur une même ligne droite, le verre bien centré par rapport à l'assiette.

La façon de poser les couverts dépend de la gravure : s'ils sont gravés au dos, cuillères et fourchettes reposeront sur la pointe, sinon vous pouvez les placer dents en l'air. Le tranchant des couteaux doit toujours regarder vers l'assiette. Mettez toujours la fourchette à gauche, le couteau et la cuillère à droite. Placez entre chaque assiette et chaque verre le couteau à fromage et la cuillère à dessert, avec leur manche à droite.

Si vous servez du velouté, posez l'assiette creuse sur l'assiette plate et ajoutez la cuillère à soupe à côté du couteau, vers l'extérieur. N'oubliez pas les couverts de service, près du dessous de plat, au centre de la table.

Les serviettes peuvent être pliées de diverses manières et posées sur l'assiette, dans le verre en éventail (fantaisiste, mais pas vraiment grand style !), sous le couteau ou bien à droite du couteau.

Les boissons relèvent du maître de maison. Demandez à votre père de vous initier à leurs secrets.

Et, pour être dignes de votre table, faites-vous beaux et prenez l'habitude de vous laver les mains avant chaque repas. Bonne chance !

PRÉPARER
LE PETIT DÉJEUNER

Si vous vous réveillez le dimanche avant vos parents, pour changer, préparez à votre tour le petit déjeuner de toute la famille : vous leur ferez ainsi une agréable surprise.

Un solide petit déjeuner, tonique et léger, vous donnera toutes les calories dont vous aurez besoin pendant la matinée pour grimper aux arbres ou pour courir avec le chien.

Pour qu'il soit équilibré, il faut un fruit ou un jus de fruit, des céréales, une boisson chaude et quelques tranches de pain grillé, avec du miel ou de la confiture... sans oublier les protéines qui servent à « fabriquer des muscles ». On les trouve notamment dans le jambon et dans les œufs. Préparez-les à la coque, au plat ou brouillés, avec une tranche de lard grillé sous les œufs au plat.

Vous devez, pour commencer, faire attention à respecter toutes les règles de sécurité : il vous faudra moudre le café − sans vous couper un doigt −, allumer le gaz − sans faire sauter la maison −, brancher la plaque électrique pour faire bouillir l'eau, verser cette eau sur le café ou sur le thé − sans vous brûler −. Toutes ces opérations, quotidiennes pour un adulte, présentent un risque pour un débutant s'il ne fait pas attention, c'est pourquoi il est important d'y procéder la première fois sous l'œil vigilant d'une grande personne ou d'un aîné.

La première chose à faire consiste à sortir du réfrigérateur tous les ingrédients dont vous aurez besoin : ainsi, le beurre ne sera pas dur comme la pierre. Pour servir de bons croissants, chauds comme s'ils sortaient de chez le boulanger, demandez à votre mère d'en acheter pendant la semaine, enveloppez-les dans du papier d'aluminium et placez-les dans le congélateur. Quinze minutes avant de passer à table, sortez du congélateur le nombre de croissants qu'il vous faut, mettez-les sur la grille du four froid, placez le thermostat sur 150° et laissez-les se réchauffer 15 minutes.

En mettant le couvert, veillez à assortir les tasses, les soucoupes et les petites assiettes. Une jolie table compte pour moitié dans le plaisir que l'on prend à un repas.

Boissons chaudes et pain grillé

Le café**

- Porter à ébullition la quantité d'eau correspondant au nombre de tasses.
- Pendant ce temps, moudre en poudre fine 1 cuillère à café de grains par tasse. Mettre la poudre dans le filtre.
- Ébouillanter* la cafetière pour qu'elle soit bien chaude et poser le filtre par-dessus.
- Verser un peu d'eau sur le café et attendre qu'il gonfle. Continuer à verser l'eau sans laisser retomber la mousse.

Le thé**

- Porter l'eau à ébullition comme précédemment.
- Dès qu'elle frémit, ébouillanter* la théière et y jeter 2 bonnes cuillères à café de feuilles de thé pour 1/2 litre d'eau.
- Verser un peu d'eau sur les feuilles, agiter la théière et vider cette première eau, puis verser le reste de l'eau sur les feuilles. Au Japon, le rituel de la cérémonie du thé exige qu'on la verse en trois fois, en refermant chaque fois la théière.

Le cacao**

- Dans un bol, mélanger 1 cuillère à soupe de cacao et 2 cuillères à soupe de sucre.
- Délayer avec 1 cuillère à soupe d'eau froide.
- Faire chauffer le lait et le verser dans le bol en tournant.

Le pain grillé*

Faire griller du pain demande une attention précise : en effet, il ne doit être ni charbonneux ni ramolli, mais l'extérieur doit être bien doré, tandis que l'intérieur reste encore tendre.

- Faire griller le pain juste avant de le servir.
- Si l'on est obligé de le préparer à l'avance, le garder au chaud dans une serviette propre soigneusement repliée.

Disposer sur la table du beurre et plusieurs pots de confiture.

Les fruits

Les fruits présentés ci-contre, riches en vitamine C, sont indispensables à la santé générale de l'organisme : ils contribuent à une évolution normale de la croissance, préviennent les infections et facilitent la cicatrisation de la peau en cas de blessure. On peut les consommer crus à jeun, ou en faire des jus.

Il faut tout d'abord laver les fruits, les couper en deux et les presser juste avant de les boire, sinon ils perdent beaucoup de vitamines.

On trouve aussi dans le commerce d'excellents jus de fruits : il faut simplement s'assurer qu'ils portent la mention pur jus de fruits, sans additif chimique.

Jus d'orange*

Pour 6 personnes	Il faut :	Ustensiles :
	6 oranges	1 presse-fruits
	50 cl* d'eau	1 pichet
Préparation : 10 mn	100 g de sucre	

- Presser les oranges.

- Délayer le sucre dans l'eau, verser le jus des oranges par-dessus et ajouter quelques glaçons.

- Servir frais.

Yaourts aromatisés*

Pour 1 personne	Il faut :	Ustensiles :
	1 pot de yaourt nature	*1 jatte*
	1 cuillère à soupe de germes de blé	*1 fouet*
	1 cuillère à soupe de miel liquide	
	1 cuillère à soupe de jus d'orange	
Préparation : 5 mn	*frais*	

- Mélanger tous les ingrédients dans une jatte et les battre au fouet 1 mn pour les mélanger.

- Pour servir, répartir le mélange dans de grands verres ou de petits bols.

Suggestions

Remplacer le jus d'orange par du jus d'ananas ou de pamplemousse, par des fruits coupés en morceaux ou ajouter simplement du miel ou du muesli : dans ce dernier cas, pour 1 personne, il faut mettre 100 g de muesli et 50 g de noisettes dans un bol, verser le yaourt par-dessus et mélanger.

Œufs frits
au jambon glacé**

Œufs au plat + jambon + jus d'ananas

Pour 2 personnes	Il faut :	Ustensiles :
	25 g de beurre	*1 plat à feu*
	2 cuillères à soupe de jus d'ananas	*1 bol*
Préparation : 5 mn	*2 tranches épaisses de jambon blanc*	*1 poêle*
Cuisson : 15 mn	*1-2 cuillères à soupe de sucre roux*	
Four : 200°	*1-2 œufs par personne*	

- Faire fondre le beurre dans un plat à feu, ajouter le jus d'ananas, le jambon, saupoudrer de sucre et mettre au four 10 mn.

- Faire chauffer un peu d'huile dans une poêle. Casser les œufs dans un bol, les verser dans la poêle et les faire frire 5 mn.

- Placer une tranche de jambon dans chaque assiette et faire glisser l'œuf au plat par-dessus.

Suggestions

Pour faire des œufs au lard : faire dorer les tranches de lard à la poêle sans matière grasse, les placer dans les assiettes, faire cuire les œufs au plat et les disposer par-dessus.

Pour faire des œufs à la coque : se reporter à l'index pratique.

Pour faire des œufs brouillés : pour 1 personne, casser dans une jatte 2 œufs, ajouter 1 cuillère à café de lait, une pincée de sel, et battre à la fourchette légèrement. Faire chauffer 1 morceau de beurre dans une casserole au bain-marie* et y faire cuire les œufs 5-7 mn en tournant sans arrêt : ils doivent être moelleux et pas trop pris. Ne faire cuire que 6 œufs au maximum à la fois : au-delà, prévoir 2 cuissons successives.

GRIGNOTER

SALÉ

Il y a des enfants qui n'aiment pas les sucreries : pain-beurre au chocolat et fabuleux gâteaux les laissent parfaitement froids. Quand vous préparez un goûter, pensez aussi à eux en introduisant des éléments salés, un plateau de crudités par exemple.

• Mélanger, dans une jatte, du fromage râpé, du yaourt, du fromage blanc, du sel, du poivre, battre à la fourchette pour lisser le mélange et vérifier l'assaisonnement.

• Éplucher les légumes, les laver, couper le concombre et les carottes en bâtonnets, le chou-fleur en petits bouquets, les tiges d'oignons en 2, le céleri en 3. Couper les fanes et les racines de radis. Enlever les graines et les parties blanches du poivron, et le couper en lamelles.

• Présenter sur un joli plateau ou sur un grand plat, avec la jatte de fromage blanc au milieu.

Vos invités seront également enchantés de déguster des petits sandwiches au fromage, au jambon, au pâté, avec du pain de mie ou du pain complet que vous pouvez même faire griller. A ce moment-là, il faut penser à ébouillanter* le plat de service, afin que l'aliment chaud placé à l'intérieur ne refroidisse pas trop vite.

Des crêpes salées, fourrées à la tomate, aux champignons, ou d'autres garnitures, des tomates à la croque au sel avec des œufs durs (les plonger dans l'eau froide et les laisser cuire 8 mn à partir du moment où elle bout. Pour les écaler* plus facilement, les laisser reposer 5 mn dans de l'eau froide après cuisson), des tranches de saucisson accompagnées de pain et de beurre, des tartines de petits fromages frais salés, des petites crêpes au fromage feront les délices de plus d'un des amis que vous aurez invités chez vous.

Baguette fourrée*

Baguette + légumes + huile d'olive + herbes

Pour 4 personnes	Il faut :	Ustensiles :
	2 tomates pelées* et hachées	1 couteau
	2 échalotes hachées	1 hachoir mécanique
	1 poivron égrené et haché	1 dénoyauteur
	8 olives noires dénoyautées et	1 jatte
	hachées	papier d'aluminium
	1 cuillère à soupe de câpres	
	1 concombre à la russe haché	
	1 baguette fraîche bien croustillante	
	1 cuillère à soupe d'huile d'olive	
	1 pincée de basilic en poudre	
Préparation : 30 mn	sel et poivre	

- Mélanger, dans une jatte, les tomates, les échalotes, le poivron, les olives, les câpres et le concombre.

- Ouvrir la baguette en 2 dans le sens de la longueur sans détacher les deux morceaux. Enlever la mie, l'émietter, l'ajouter dans la jatte avec l'huile d'olive, le basilic, le sel, le poivre et mélanger.

- Remplir la baguette, la refermer, l'envelopper avec soin dans du papier d'aluminium et la placer au réfrigérateur.

Suggestions

Idéale pour un goûter dehors, cette baguette fourrée est encore meilleure si on la prépare la veille, car les parfums se mélangent alors et imprègnent le pain.

Petites crêpes au fromage**

Pâte + fromage blanc

Pour 10-12 crêpes	Il faut :	Ustensiles :
	25 g de beurre fondu	*1 jatte*
	100 g de fromage blanc	*1 fourchette*
	2 œufs battus	*1 poêle en fonte*
	50 g de farine complète	*1 couteau*
Préparation : 5 mn	*1 cuillère à café de levure chimique*	
Cuisson : 2 mn par crêpe	*1 cuillère à soupe de lait*	

- Mélanger, dans une jatte, le beurre fondu et le fromage blanc. Incorporer les œufs, la farine, la levure et le lait. Battre pour obtenir une pâte épaisse, mais lisse.

- Graisser et faire chauffer une poêle en fonte.

- Verser des cuillères à soupe de pâte dans la poêle très chaude et faire cuire 1 mn de chaque côté. Retourner jusqu'à ce que les petites crêpes soient dorées des deux côtés.

- Poser sur un plat de service chaud et couvrir avec un linge propre, le temps de faire les autres petites crêpes.

- Servir chaud, tartiner de beurre et accompagner de quartiers de citrons.

Gril à l'avocat**

Avocat + petits pains + lard

Pour 4 personnes	Il faut :	Ustensiles :
	6 tranches fines de poitrine fumée, coupées en lamelles	*1 poêle*
	4 petits pains allongés individuels beurre	*1 couteau*
	1 gros avocat	*1 grille-pain*
Préparation : 10 mn	*1 citron*	*1 râpe*
Cuisson : 3 mn sous le gril	*200 g de gruyère râpé*	

- Faire frire la poitrine fumée à la poêle sans matière grasse ; quand elle est dorée, l'enlever du feu et la tenir au chaud.

- Couper les petits pains en 2, les faire griller et les tartiner de beurre.

- Couper l'avocat en 2, puis en tranches fines, après avoir retiré le noyau et la peau. Garder quelques tranches pour la garniture, étaler les autres sur le pain beurré et presser le citron par-dessus.

- Saupoudrer de gruyère râpé en recouvrant bien l'avocat et passer sous le gril le temps que le fromage fonde.

- Sortir du four et décorer avec la poitrine grillée et les tranches d'avocat mises de côté.

Crêpes fourrées**

Crêpes + garniture + sauce

Pour 8 crêpes

Il faut :

Pour la pâte :
100 g de farine
2 œufs
60 cl* de lait
1/4 cuillère à café de sel
huile

Pour la sauce :
25 g de beurre
25 g de farine
30 cl* de lait
1 cuillère à café de moutarde
sel et poivre
200 g de champignons hachés
300 g de jambon haché

Préparation : 20 mn
Cuisson : 5 mn + 2 mn par crêpe

Ustensiles :

1 fouet
1 jatte
1 mixer
1 poêle
1 spatule en bois

- Fouetter la farine, les œufs, le lait, le sel, l'huile, et laisser reposer la pâte 1 heure à température ambiante.

- Mélanger le beurre, la farine, le lait, la moutarde, le sel, le poivre, les champignons, le jambon dans un mixer.

- Verser le mélange dans une poêle, porter à ébullition en remuant constamment. Laisser frémir 5 mn à feu doux.

- Pendant ce temps, faire les crêpes, les garnir, les replier et servir immédiatement.

Suggestions :

On peut encore fourrer les crêpes avec du gruyère râpé, des œufs au plat, un reste de légumes ajouté à la sauce.

RECEVOIR
A GOUTER

Quel plaisir d'inviter ses amis et de les accueillir en ayant préparé soi-même toute la réception !

Vous pouvez faire des gâteaux, des soufflés au chocolat (ce plat est plus facile à réaliser qu'on ne le croit) ou des tartes, que vous accompagnerez de boissons fraîches ou chaudes suivant la saison (pour ces dernières, reportez-vous au chapitre Préparer le petit déjeuner).

Si les tartes, les gâteaux, les cakes ou les glaces se préparent longtemps à l'avance, ce n'est pas le cas des crêpes, des omelettes sucrées ou des soufflés. Si vous choisissez les crêpes, sachez que vous pouvez les préparer un peu à l'avance et les maintenir au chaud, en les empilant sur un plat de service et en maintenant le tout au chaud à four très doux (si l'on veut raffiner, on peut séparer chaque crêpe par une feuille de papier paraffiné*). Faites l'omelette* au dernier moment, et enfournez le soufflé au moment où vos amis arrivent.

Mais la cuisine proprement dite ne représente qu'une facette du goûter. Il faut penser à décorer la pièce et la table, sans pour autant révolutionner toute la maison ! Quelques idées simples suffisent bien souvent : des branchages d'automne ou d'hiver créeront une ambiance, un gros bouquet de fleurs, une fleur isolée ou de petits bouquets disséminés, égaieront une table ou le coin d'une pièce, de même qu'une jolie nappe, un couvert bien mis, des bougies allumées, donneront à votre fête une atmosphère d'intimité.

Vous choisirez peut-être de vous asseoir autour de la grande table familiale, peut-être vous permettra-t-on de vous asseoir en tailleur autour d'une grande table basse de salon. Mais, pourquoi ne pas décider de coloniser la cuisine, la décorer pour lui donner un air de fête, la détourner pour un moment de sa fonction-laboratoire ? Il faut aussi savoir qu'elle devra être ensuite restituée dans son état premier d'ordre et de propreté.

Mettez encore votre imagination à l'épreuve pour inventer ou pour choisir des jeux qui vous feront passer à tous une agréable après-midi.

Salade de fruits Floride*

Fruits + jus

Pour 6 personnes	Il faut :	Ustensiles :
	3 pamplemousses	1 couteau de cuisine
	3 grosses oranges	1 plat creux
	2 cuillères à soupe de sucre	
Préparation : 20 mn	6 cerises confites	

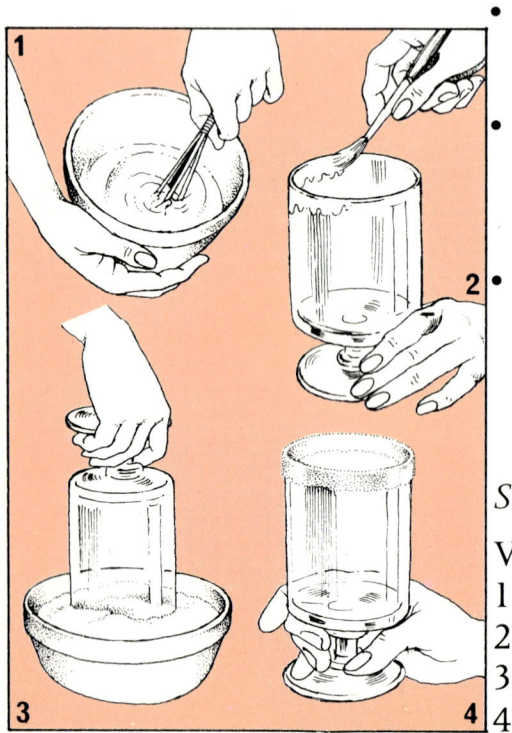

● Peler les pamplemousses et les oranges à vif* (en enlevant toute la peau blanche).

● Couper les fruits en quartiers. Les placer dans un plat creux et saupoudrer de sucre. Laisser reposer 30 mn à température ambiante.

● Répartir les fruits dans des coupes individuelles, les arroser avec le jus, décorer avec une cerise confite et placer au réfrigérateur jusqu'au moment de servir.

Suggestion

Vous pouvez givrer les verres avant de les remplir
1 Battre 1 blanc d'œuf légèrement
2 Le passer sur le bord des verres avec un pinceau
3 Retourner les verres et les tremper dans le sucre
4 Le verre est prêt à être rempli

Charlotte
à la framboise*

Biscuits à la cuillère + framboises + sirop

Pour 6 personnes	**Il faut :**	**Ustensiles :**
Préparation : 25 mn	*1 kg de framboises au sirop* *1 boîte de biscuits à la cuillère*	*1 plat creux* *1 moule à charlotte*

- Recueillir le sirop des framboises. Tremper les biscuits dans le sirop et en tapisser le fond et les parois du moule.

- Remplir le moule avec les framboises en plaçant une couche de biscuits à mi-hauteur et en terminant par une couche de biscuits.

- Poser sur le moule une assiette contenant un poids, afin de tasser la charlotte, et la placer une nuit au réfrigérateur.

- Démouler au dernier moment, en trempant le fond du moule dans l'eau chaude et servir avec une crème fouettée*.

Suggestions

On peut faire des charlottes aux fraises, aux poires ou au chocolat.

Gâteau de meringue**

Blancs d'œufs + sucre

Pour 6 personnes	Il faut :	Ustensiles :
	2 cuillères à café d'huile	*papier d'aluminium*
	4 blancs d'œufs	*1 pinceau*
	225 g de sucre	*1 jatte*
Préparation : 20 mn	*500 g de fruits de saison (fraises,*	*1 fouet*
Cuisson : 6 h	*framboises, pêches ou abricots) ou*	*1 cuillère*
Four : 110°	*1 boîte de fruits au sirop égouttés*	

- Découper un carré de 30 cm de côté dans une feuille d'aluminium, le poser sur la grille du four et relever les bords pour obtenir un cercle de 20 cm de diamètre. Huiler le fond à l'aide d'un pinceau.

- Battre les blancs en neige très ferme et incorporer la moitié du sucre par cuillerées, l'autre moitié en une fois.

- Verser la préparation dans la feuille d'aluminium et creuser un puits au milieu avec une cuillère en ramenant les blancs sur les bords pour former une caissette.

- Faire cuire au four 6 heures : la meringue doit être complètement sèche. Faire attention en sortant le gâteau du four et, lorsqu'il est froid, enlever le papier d'aluminium.

- Pour servir, garnir le centre du gâteau avec les fruits.

Crêpes de la chandeleur**

Farine + œuf + lait

Pour 12 crêpes	Il faut :	Ustensiles :
Préparation : 10 mn Repos : 30 mn Cuisson : 2-3 mn par crêpe	*100 g de farine* *1 pincée de sel* *1 œuf* *30 cl* de lait* *1 cuillère à café d'huile*	*1 jatte* *1 cuillère en bois* *1 fouet* *1 poêle à crêpes* *1 feuille de papier absorbant* *1 petite louche* *1 spatule*

- Mélanger la farine et le sel dans une jatte, creuser un puits au centre et y verser l'œuf.

- Verser peu à peu la moitié du lait en tournant à partir du centre avec une cuillère en bois pour que le tout se mélange.

- Fouetter pour que la pâte devienne lisse en ajoutant petit à petit le reste du lait et l'huile. Puis laisser reposer 30 mn.

- Faire chauffer la poêle graissée avec une feuille de papier absorbant imbibée d'huile et verser un peu de pâte.

- Tourner la poêle pour étaler la pâte : quand se forment des bulles, retourner la crêpe pour qu'elle dore de l'autre côté.

Gâteau au chocolat**

Sauce au chocolat + œufs + farine

Pour 6-8 personnes	Il faut :	Ustensiles :
	*4 œufs, blancs séparés des jaunes**	*2 jattes*
	125 g de sucre	*1 fouet*
	180 g de chocolat à croquer	*1 casserole*
	1 cuillère à soupe d'eau	*1 cuillère en bois*
	125 g de beurre coupé en morceaux	*1 moule à manqué de 20 cm de*
Préparation : 30 mn	*75 g de farine*	*diamètre*
Cuisson : 30-35 mn	*1/4 cuillère à café de vanille en*	
Four : 200°	*poudre*	

- Battre les jaunes d'œufs et le sucre avec un fouet pour obtenir un mélange blanc et mousseux.

- Faire fondre le chocolat et l'eau dans une casserole au bain-marie*. Quand il forme une pâte lisse, ajouter le beurre hors du feu et verser le mélange dans les œufs en tournant. Ajouter la farine, la vanille et mélanger.

- Monter les blancs d'œufs en neige ferme* et les incorporer délicatement au mélange*.

- Beurrer et fariner le moule, y verser la préparation et faire cuire au four pendant 30 à 35 mn.

Suggestions

Pour glacer* le gâteau, faire fondre 200 g de chocolat à croquer au bain-marie* avec 1 cuillère à soupe d'eau. Quand la pâte est lisse, retirer du feu et, 3 mn plus tard, incorporer 1 noix de beurre. Verser sur le gâteau et étaler avec 1 spatule métallique.

On peut aussi faire 2 gâteaux, couper chacun en 2, les fourrer de crème fouettée et les superposer. Saupoudrer le dessus de sucre glace.

Pour faire la crème fouettée* : battre dans une jatte fraîche 30 cl* de crème sortant du réfrigérateur pour qu'elle épaississe sans être trop dure, sinon elle tournerait en beurre.

Cake aux fruits**

Pâte + fruits secs

Pour 10 personnes	Il faut :	Ustensiles :
	100 g de beurre	1 moule à cake
	90 g de sucre	papier paraffiné
	1 pincée de sel	1 jatte
	1 œuf battu	1 fourchette
	225 g de farine	
	175 g de fruits secs (ou de fruits confits)	
	1 cuillère à café de zeste d'orange râpé	
Préparation : 30 mn	10 cl* de lait froid	
Cuisson : 1 h 15	1 sachet de levure chimique	
Four : 180º		

- Beurrer le moule et le tapisser de papier paraffiné*.

- Travailler le beurre en crème avec le sucre, à la fourchette. Ajouter le sel, l'œuf, la farine, les fruits, le zeste et le lait, en mélangeant. Incorporer la levure au dernier moment.

- Quand le mélange est homogène, le verser dans le moule et le faire cuire au four pendant 1 heure 15 : la pointe d'un couteau plantée dans le cake doit en ressortir sèche.

- Laisser refroidir dans le moule pendant 20 mn après la cuisson, puis démouler et retirer le papier.

52

Citronnade**

Citron + eau + sucre

Pour 8-10 verres	Il faut :	Ustensiles :
	6 citrons	1 râpe
	60 cl* d'eau	1 assiette
	50-70 g de sucre	1 presse-fruits
	glaçons	1 jatte
	eau glacée	1 casserole
Préparation : 10 mn	rondelles de citron	1 passoire
Cuisson : 2-3 mn	feuilles de menthe	1 pichet

- Râper le zeste des citrons et presser le jus.

- Verser l'eau dans une grande casserole avec le sucre et le zeste. Tourner en portant à ébullition et laisser frémir 2-3 mn.

- Laisser refroidir et ajouter le jus de citron.

- Filtrer la citronnade à travers une passoire dans une cruche ou un pichet. Ajouter de la glace pilée et un peu d'eau glacée.

53

Gâteau au yaourt**

Yaourt + sucre + farine

Pour 6 personnes	Il faut :	Ustensiles :
	3 œufs entiers	*1 pot de yaourt vide*
	2 pots de sucre	*1 jatte*
	1 pot de yaourt nature	*1 fouet*
	1 cuillère à soupe d'huile	*1 cuillère à soupe*
Préparation : 15 mn	*3 pots de farine*	*1 moule à manqué de 20 cm de*
Cuisson : 45 mn	*1 sachet de levure chimique*	*diamètre*
Four : 170°	*1 cuillère à café de zeste de citron*	

Pour mesurer les ingrédients, utiliser un pot de yaourt de même contenance que celui de la recette.

- Battre les œufs et le sucre pour obtenir un mélange blanc et crémeux.

- Incorporer le yaourt et, toujours en battant, ajouter l'huile, la farine, la levure et le zeste.

- Laisser reposer 1 heure.

- Beurrer et fariner le moule, verser la pâte dans le moule et le faire cuire au four pendant 45 mn.

Suggestion

On peut décorer ce gâteau avec de la pâte d'amandes que l'on fait adhérer avec de la gelée d'abricots.

Soufflé au chocolat***

Chocolat + sauce + œufs

Pour 6 personnes	**Il faut :**	**Ustensiles :**
	80 g de chocolat à croquer coupé en morceaux	*2 jattes*
	25 cl* de lait	*1 casserole*
	40 g de beurre	*1 cuillère en bois*
	40 g de farine	*1 fouet*
Préparation : 30 mn	*80 g de sucre*	*1 moule à soufflé*
Cuisson : 30-35 mn	*3 jaunes d'œufs*	
Four : 190°	*4 blancs d'œufs*	

- Faire fondre le chocolat au bain-marie* avec 2 cuillères à soupe de lait.

- Faire fondre le beurre dans une casserole et incorporer la farine. Hors du feu, verser peu à peu le reste de lait. Faire chauffer 3 mn en tournant, puis ajouter le sucre et le chocolat fondu.

- Laisser refroidir légèrement et ajouter les jaunes d'œufs en fouettant.

- Monter les blancs en neige* très ferme et les incorporer délicatement au mélange*.

- Verser la préparation dans un moule à soufflé beurré et fariné, et mettre au four pendant 30 à 35 mn : le soufflé doit être bien monté. Servir immédiatement, car il retombe très vite.

Milk shake à l'orange*

Orange + pamplemousse + lait

Pour 4 personnes	Il faut :	Ustensiles :
	jus de 3 oranges	*1 couteau*
	jus de 1 pamplemousse	*1 mixer*
	2 cuillères à soupe de sucre	
Préparation : 5 mn	*50 cl* de lait glacé*	

- Mélanger tous les ingrédients dans le mixer, après avoir refermé le couvercle avec soin.

- Servir immédiatement dans de grands verres.

Omelette sucrée***

Œufs + beurre + confiture

Pour 2 personnes	Il faut :	Ustensiles :
	4 œufs, blancs séparés des jaunes*	2 jattes
	4 cuillères à café d'eau	1 fouet
	30 g de beurre	1 poêle en fer ou en fonte, avec 1
	4 cuillères à soupe de confiture de	manche en fer
Préparation : 20 mn	fraises chaude	1 spatule
Cuisson : 2-3 mn sous le gril	sucre pour saupoudrer	1 casserole

- Battre les jaunes avec l'eau. Monter les blancs en neige très ferme et les incorporer aux jaunes*.

- Faire chauffer le beurre dans une poêle sans le laisser noircir, verser les œufs et lisser le dessus sans toucher le dessous qui doit dorer : vérifier la couleur en soulevant avec une spatule lorsque l'omelette est prise.

- Mettre la poêle sous le gril : le dessus doit prendre et lever.

- Faire chauffer la confiture, la disposer au centre de l'omelette. Faire glisser l'omelette sur un plat de service chaud* en la repliant en deux.

Suggestions

On peut utiliser des fruits frais ou au sirop, en les sucrant et en ajoutant du sirop.

Tarte aux pommes***

Pâte + pommes + glaçage

Pour 4 personnes

Préparation : 45 mn
Cuisson : 25 mn
Four : 200°

Il faut :

Pour la pâte :
200 g de farine
1 pincée de sel
1 pincée de sucre
1/2 verre d'huile
5 cl* d'eau

Pour la garniture :
4 grosses pommes pelées

Pour le glaçage :
2 cuillères à soupe de gelée d'abricots
1 cuillère à soupe d'eau

Ustensiles :

1 jatte
1 rouleau à pâtisserie
1 moule à tarte de 18 cm de
 diamètre
1 couteau éplucheur
1 couteau de cuisine
1 petite casserole
1 cuillère en bois

- Avec le bout des doigts, mélanger rapidement les éléments de la pâte.

- Abaisser* la pâte au rouleau à pâtisserie sur une surface farinée et en garnir un moule beurré.

- Couper les pommes en tranches et les disposer sur la pâte.

- Poser le moule sur la plaque placée au milieu du four et laisser cuire 25 mn. Lorsque la tarte est cuite, la sortir du four* avec les précautions d'usage et la laisser refroidir.

- Dans une petite casserole, faire fondre, à feu doux, la gelée d'abricots et l'eau en tournant et verser le sirop sur les pommes quand elles sont froides.

Gâteau au fromage blanc et aux framboises****

Biscuits + fromage blanc + œufs + crème

Pour 8 personnes

Il faut :

Pour le fond :
100 g de petits-beurre écrasés
25 g de sucre
50 g de beurre fondu

Pour la garniture :
15 g de gélatine
2 cuillères à soupe d'eau chaude
180 g de fromage blanc
jus et zeste de 1 citron
2 œufs, blancs séparés des jaunes*
50 g de sucre
4 cuillères à soupe de crème fraîche
200 g de framboises

Préparation : 45 mn

Ustensiles :
3 jattes
1 fourchette
*1 moule à tarte à fond amovible de
  20 cm de diamètre*
1 bol
1 casserole
1 fouet

- Mélanger les éléments du fond du gâteau, les presser dans le moule beurré et placer au réfrigérateur : le fond doit être ferme.

- Chauffer la gélatine et l'eau au bain-marie* et l'incorporer au fromage blanc avec un fouet.

- Toujours en fouettant, mélanger le jus, le zeste de citron, les jaunes d'œufs, le sucre, ajouter la crème et le fromage blanc.

- Monter les blancs d'œufs en neige très ferme* et les incorporer délicatement au mélange précédent*.

- Remplir le moule avec la préparation et le replacer au réfrigérateur au moins 2 heures.

- Démouler au moment de servir et décorer avec les framboises.

Suggestion

Pour terminer, ajouter, sur le pourtour du gâteau, des rosettes de crème fouettée*.

ÉTABLIR
UN
MENU

Cuisiner comme on joue : en découvrant ce qui est amusant dans l'art de combiner deux plats, pour un dîner même léger, un déjeuner rapide, entre une balade au bois et une partie de patins à roulettes. Connaître le plaisir d'agencer des couleurs, de mettre en appétit des parents fatigués par une journée de travail ou des « copains » qui sortent de l'école... comme vous.

Le repas est le moment de la détente. On dépose la fatigue au vestiaire et l'on savoure les plats préparés avec amour. On n'aime pas la soupe ? Pourtant, quoi de plus réconfortant qu'un velouté bien chaud lorsqu'on a traversé la campagne ou la ville en proie au vent d'hiver ?

Préparer un repas, c'est l'art de deviner ce dont l'autre a envie selon le type de travail qu'il fait dans la journée : rentre-t-il du bureau avec une fatigue purement intellectuelle ? Il a besoin d'un repas sain, mais léger. Ou revient-il de l'atelier après avoir fourni tout le jour un effort physique ? Il lui faudra alors des aliments riches et nourrissants, dont il brûlera très vite les calories.

Quelques « tuyaux » pour commencer : si l'entrée est légère, le plat de résistance peut être plus consistant : le mariage salade aux noix-quenelles lyonnaises, par exemple, est tout à fait convenable. A l'inverse, si l'entrée comporte du jambon et de l'avocat — légume-fruit d'une haute valeur nutritive —, les épis de maïs dorés à la poêle feront un plat de résistance tout à fait honorable.

Établir un menu, c'est penser à faire alterner des plats qui s'opposent tout en se complétant : le chaud et le froid, le salé et le sucré, le doux et le fort, le léger et le nourrissant... Sur un plan pratique, il faut utiliser les

produits en saison car ils sont meilleurs, moins chers, et ils permettent d'adapter les menus au temps : un menu d'hiver peut comporter deux plats nourrissants, alors qu'en été deux plats légers peuvent suffire.

Pensez aussi, en établissant le menu, à l'équipement de la cuisine : si vous n'avez qu'un four, ne prévoyez pas des brochettes et une tarte pour le même repas. A moins que la tarte puisse être mangée froide, auquel cas vous pourrez la préparer à l'avance.

Comment doit-on s'y prendre avec les légumes ? Il faut d'abord les éplucher, les trier, les laver, les couper en morceaux plus ou moins gros – julienne s'ils sont coupés dans leur longueur, cubes ou dés s'ils sont coupés en carrés, émincés s'ils sont coupés en rondelles fines. On porte ensuite de l'eau salée à ébullition : lorsqu'elle bout, on jette les légumes dans l'eau et l'on attend qu'elle recommence à bouillir. A ce moment-là, on baisse un peu le gaz. Les temps de cuisson indiqués se comptent à partir du moment où l'on jette les légumes dans l'eau bouillante. Pour que les **haricots verts** restent très verts à la cuisson, on les jette dans l'eau bouillante par poignées, en attendant que l'eau recommence à bouillir avant d'en ajouter une nouvelle. Quelques exceptions, cependant : **le maïs** doit être placé à l'eau bouillante non salée (le sel le ferait durcir), et **les légumes secs** – lentilles, haricots secs, pois chiches, etc. – à l'eau froide non salée. Pour les légumes secs, on peut aussi les faire revenir* au beurre 2 ou 3 minutes, puis les couvrir d'eau froide non salée.

Un mot encore des **fromages** qui, normalement, continuent le repas : il est toujours préférable d'en présenter au moins deux. Ainsi, le doux – gruyère, comté, cantal doux, morbier ou autres – s'opposera au fort – camembert, brie, munster ou roquefort.

Dans ce chapitre, nous avons établi pour vous 11 menus-types pour des repas légers : entrée et plat de résistance, ou plat de viande avec son légume d'accompagnement, dans le cas des escalopes à la crème et des haricots verts à l'ail.

Sauces

Sauce béchamel**

Beurre + farine + lait

Il faut :

3 noix de beurre
2 cuillères à soupe de farine
50 cl* de lait
sel et poivre

Pour 6 personnes
Préparation : 15 mn

Ustensiles :
1 casserole
1 cuillère en bois

- Faire fondre 2 noix de beurre dans une casserole à feu doux et verser la farine en pluie, en tournant vivement.

- Ajouter le lait peu à peu en attendant, à chaque fois, que la farine l'ait absorbé complètement et que la pâte se détache des bords.

- Faire cuire 15 mn à feu doux, en tournant, ajouter le sel et le poivre, puis 1 noix de beurre au moment de servir.

On peut aussi râper un peu de noix de muscade dans la sauce ou saupoudrer du cumin en poudre.

Vinaigrette aux herbes*

Huile + moutarde + vinaigre

Il faut :	Pour 6 personnes
1 cuillère à soupe de moutarde	*Préparation : 3 mn*
1/2 cuillère à café de sel	
poivre	
1 cuillère à soupe de vinaigre à	**Ustensiles :**
l'estragon	
3 cuillères à soupe d'huile d'olive	*1 saladier*
1 cuillère à soupe de persil ou de	*couverts en bois*
ciboulette hachés	*ciseaux*

• Placer dans le saladier la moutarde, le sel, le poivre, le vinaigre et mélanger en battant. Verser l'huile en tournant.

• Ajouter le persil ou la ciboulette et mélanger.

Sauce tomate**

Tomate + oignon + ail + herbes

Il faut :

1 kg de tomates
2 cuillères à soupe d'huile d'olive
1 oignon pelé et haché
1 gousse d'ail pelée et écrasée
1 bouquet garni*
sel et poivre
1 pincée de sucre

Pour 6 personnes

Préparation : 20 mn
Cuisson : 30 mn

Ustensiles :

1 couteau
1 casserole
1 mixer

La pincée de sucre sert à réduire l'acidité des tomates.

- Peler, épépiner et couper les tomates en morceaux.

- Faire chauffer l'huile dans une casserole, faire dorer l'oignon 5 mn à feu doux, puis ajouter les autres ingrédients et laisser mijoter 30 mn, en tournant de temps en temps.

- Réduire la sauce en purée avec un mixer.

Mayonnaise*

Œuf + moutarde + huile

Il faut :

1 jaune d'œuf
1 cuillère à café de moutarde
sel et poivre
25 cl* d'huile
1 cuillère à café de jus de citron ou
  de vinaigre

Pour 4 personnes

Préparation : 15 mn

Ustensiles :

1 grand bol
1 cuillère en bois

Pour réussir une mayonnaise, il est très important que tous les ingrédients – y compris le bol – soient à la même température. Il faut donc les sortir sur une table 1 heure avant utilisation.

- Mélanger, dans le bol, le jaune d'œuf avec la moutarde, le sel et le poivre.

- Verser l'huile goutte à goutte en tournant, puis en filet mince quand la mayonnaise commence à prendre. Terminer en versant le vinaigre ou le jus de citron en filet.

Melon à la vénitienne*

Melon + jambon cru + olives

Pour 6 personnes	**Il faut :**	**Ustensiles :**
	1 melon bien fait	*1 couteau*
	12 tranches très fines	*1 cuillère*
	de jambon de Parme	*papier d'aluminium*
	poivre	
	olives noires	
Préparation : 5 mn	*brins de persil*	

- Couper le melon en 6 parts égales et enlever les graines avec une cuillère.

- Poser le melon sur un plat de service et le placer au réfrigérateur après l'avoir couvert d'une feuille de papier d'aluminium, car son odeur très forte affecterait les autres aliments.

- Sortir le plat du réfrigérateur au moment de servir, rouler les tranches de jambon, et les poser sur et entre les parts de melon.

- Saupoudrer de poivre, disséminer quelques olives noires et quelques brins de persil.

Tagliatelle vertes et jaunes**

Pâtes + sauce + herbes

Pour 6 personnes	Il faut :	Ustensiles :
	200 g de tagliatelle vertes	*1 casserole*
	200 g de tagliatelle jaunes	*1 poêle*
	2 cuillères à soupe d'huile d'olive	*1 presse-ail*
	2 gousses d'ail écrasées	*1 spatule en bois*
	30 cl* de crème fraîche	*1 passoire*
	2 cuillères à soupe de persil haché	
	1 cuillère à café d'origan	
Préparation : 15 mn	*25 g de beurre*	
Cuisson : 10 mn	*50 g de parmesan râpé*	

- Faire cuire les tagliatelle à l'eau bouillante salée 8 mn pour qu'elles soient *al dente**, c'est-à-dire cuites mais fermes.

- Pendant ce temps, faire chauffer l'huile dans la poêle, laisser revenir l'ail 1 mn, ajouter la crème et les herbes, et laisser mijoter 3 mn pour faire épaissir la crème.

- Égoutter les tagliatelle, les verser dans un plat de service chaud. Ajouter la sauce à la crème par-dessus, ainsi que le beurre, le fromage et servir immédiatement.

Suggestion

On peut faire ce plat avec des pâtes fraîches : 4-5 mn de cuisson suffisent alors.

Mousse d'avocat à la mexicaine*

Avocat + citron + noix

Pour 2 personnes	Il faut :	Ustensiles :
	2 avocats bien mûrs	1 couteau
	2 cuillères à soupe de jus de citron	1 cuillère à café
	50 g de noix pilées	1 bol
	1 cuillère à soupe d'huile	1 fourchette
Préparation : 15 mn	sel et poivre	1 moulinette

- Couper les avocats en 2, retirer le noyau et enlever la chair avec une cuillère sans abîmer la peau.

- Mettre la chair dans un bol, verser le jus de citron et écraser avec une fourchette.

- Écaler* les noix et les passer à la moulinette au-dessus du bol.

- Ajouter 1 cuillère à soupe d'huile, du sel, du poivre et mélanger.

- Répartir la mousse d'avocat dans l'écorce ou servir sur un lit de feuilles de laitue, lavées et égouttées.

Escalopes de poulet au sésame***

Blancs de poulet + marinade + graines de sésame

Pour 2 personnes

Préparation : 15 mn
Cuisson : 10-12 mn sous le gril

Il faut :

60 g de beurre fondu
1 cuillère à soupe de sauce de soja
2 cuillères à soupe de vin blanc
1/2 cuillère à café d'estragon haché
1 cuillère à café de moutarde
2 escalopes de poulet
graines de sésame

Ustensiles :

1 petite casserole
1 plat creux
1 plat à four
1 pinceau

Pour faire cette recette, demandez à vos parents de vous donner un peu de vin blanc pour votre marinade.

- Faire fondre le beurre à feu doux dans une petite casserole et, dans un plat creux, le mélanger avec la sauce de soja, le vin blanc, l'estragon, la moutarde. Y faire mariner les escalopes pendant 3 heures, puis les égoutter, tout en gardant la marinade.

- Dans un plat à four, faire cuire les escalopes sous le gril 5-6 mn de chaque côté.

- Sortir le plat du four. Badigeonner les escalopes de marinade, de chaque côté avec un pinceau, puis les rouler dans les graines de sésame et repasser quelques minutes sous le gril de chaque côté, pour que les graines soient dorées.

Suggestion

On trouve les graines de sésame dans les magasins de produits diététiques, mais on peut les remplacer par de la chapelure.

Salade aux noix*

Laitue + vinaigrette + noix

Pour 4 personnes	Il faut :	Ustensiles :
	1 laitue	*1 panier à salade*
	quelques brins de cresson	*1 saladier*
	6 grosses noix écalées* et écrasées	*couverts en bois*
Préparation : 3 mn	*vinaigrette**	*1 casse-noix*
		1 moulinette

- Préparer la laitue en enlevant les feuilles ou parties de feuilles abîmées. Séparer les feuilles et les laver à l'eau courante, les égoutter dans un panier à salade et les couper en 3 ou en 4 avec les doigts.

- Laver quelques brins de cresson et les sécher dans un linge propre.

- Faire une vinaigrette (voir les Sauces froides au début de ce chapitre) dans le saladier. Ajouter la salade, et les noix pour terminer. Décorer avec le cresson et mélanger au dernier moment pour ne pas « cuire » la salade.

Les œufs du boulanger***

Pain + sauce + œufs + fromage

Pour 4 personnes

Il faut :

8 œufs
1 petit oignon haché
3 cuillères à soupe de concentré
  de tomates
1 cuillère à café d'origan
sel et poivre
4 petits pains ronds
8 olives noires dénoyautées
60 g de gruyère râpé
2 œufs battus
1 cuillère à café de moutarde

Ustensiles :

1 casserole
1 grand bol
1 couteau
1 râpe
1 plat à four

Préparation : 20 mn
Cuisson : 15 mn sous le gril

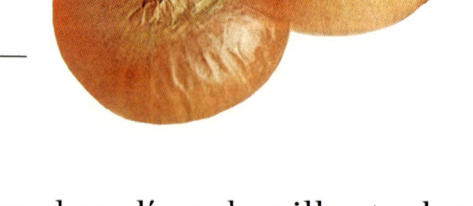

- Faire durcir* les 8 œufs 8 mn dans l'eau bouillante, les passer sous l'eau froide et les écaler*.

- Mélanger l'oignon, le concentré de tomates, l'origan, le sel, le poivre, et en tartiner les petits pains coupés en 2.

- Couper en 2 les œufs durs et poser 2 moitiés à plat sur chaque demi-pain et ajouter 2 moitiés d'olive.

- Mélanger le fromage, les œufs battus, la moutarde, et recouvrir les pains aux œufs avec ce mélange.

- Placer les œufs du boulanger dans un plat à four et faire dorer 5 mn sous le gril. Pour servir, décorer avec des brins de cresson.

Champignons en salade*

Champignons + sauce + persil

Pour 2 personnes

Il faut :

Ustensiles :

150 g de champignons de Paris
1/2 cuillère à café de moutarde
1 cuillère à soupe de jus de citron
1 gousse d'ail écrasée
sel et poivre
3 cuillères à soupe d'huile d'olive
1 cuillère à café de persil haché

papier absorbant
1 couteau
1 saladier
1 presse-ail
1 linge propre
1 couvercle

Préparation : 15 mn

• Gratter le pied des champignons pour enlever la terre. Laver rapidement les champignons, les sécher et les couper en lamelles.

• Dans un saladier mettre la moutarde, le jus de citron, la gousse d'ail écrasée, le sel, le poivre et l'huile d'olive. Bien mélanger. Ajouter le persil, les champignons dans le saladier, en tournant plusieurs fois pour qu'ils soient bien enrobés de sauce.

• Couvrir le saladier avec un linge propre plié en 4 et un couvercle, et le laisser au réfrigérateur 2 ou 3 heures.

Boulettes de viande à la tomate***

Viande + aromates + œuf + sauce

Pour 4 personnes	Il faut :	Ustensiles :
	sauce tomate*	1 casserole
	450 g de steak haché	1 presse-ail
	1 gousse d'ail écrasée	1 jatte
	1 oignon haché	1 hachoir mécanique
	1 cuillère à soupe de viandox	1 bol
	2 cuillères à café de moutarde	1 fourchette
	1/2 cuillère à café d'herbes	1 poêle
Préparation : 30 mn	de Provence	
Cuisson : 20 mn pour la sauce	sel et poivre	
10 mn pour les boulettes	1 œuf battu dans un bol	

- Faire chauffer tous les éléments de la sauce tomate* dans une casserole à feu doux pendant 15-20 mn.

- Mélanger intimement, dans une jatte, la viande, l'ail, l'oignon, le viandox, la moutarde, les herbes, le sel, le poivre et lier avec l'œuf battu.

- Former 8 petites boules que l'on aplatit à la main et les faire cuire 3 à 5 mn, de chaque côté, dans une poêle qui n'attache pas. Servir avec la sauce tomate.

Suggestion

On peut remplacer le viandox par de la sauce Worcester-shire et ajouter dans la sauce tomate 1 cornichon haché.

Avocats du diable*

Avocats + crabe + sauce diable

Pour 4 personnes	**Il faut :**	**Ustensiles :**
	2 gros avocats	*1 couteau*
	jus de 1 citron	*1 grand bol*
	1 boîte de crabe de 170 g	*1 fourchette*
	*5 cuillères à soupe de mayonnaise**	
	2 cuillères à soupe de ketchup épicé	
	sel et poivre	
	rondelles de citron	
Préparation : 10 mn	*brins de persil*	

- Couper les avocats en 2, retirer le noyau et arroser avec le quart du jus de citron pour qu'ils ne noircissent pas.

- Émietter le crabe dans un grand bol en enlevant les cartilages, verser le reste du jus de citron, ajouter la mayonnaise, le ketchup, le sel, le poivre, et mélanger.

- Farcir les avocats avec le mélange au crabe et décorer le plat de service avec des rondelles de citron et des brins de persil.

Suggestion

On peut remplacer le crabe par du thon à l'huile d'olive : on procède de la même manière, mais il faut un peu plus de citron pour relever le thon.

Épis de maïs dorés**

Maïs + beurre

Pour 4 personnes	Il faut :	Ustensiles :
Préparation : 2 mn Cuisson : 12-20 mn	4 épis de maïs charnus 50 g de beurre sel et poivre	1 casserole 1 poêle

- Enlever les feuilles et la barbe qui entourent les épis, et placer ces derniers dans l'eau bouillante non salée, 12 à 20 mn selon leur taille. Les égoutter.

- Faire chauffer le beurre dans une poêle et y faire dorer les épis.

- Présenter dans un plat de service après avoir saupoudré de sel et de poivre.

Suggestion

Si on ne les fait pas dorer à la poêle, déposer une bonne noix de beurre sur chaque épi au moment de servir.

Menu 6   Velouté des fontaines / **nourrissant et léger**
Velouté du jardin / **nourrissant et léger**
Cannelloni à la tomate / **lourd**

Velouté des fontaines**

Cresson + pommes de terre + crème

Il faut :

2 bottes de cresson
2 grosses noix de beurre
500 g de pommes de terre
sel et poivre
2 l d'eau chaude
1 cuillère à soupe de cerfeuil haché
1 pot de crème fraîche

Pour 4 personnes
Préparation : 20 mn
Cuisson : 30 mn

Ustensiles :
1 couteau
1 cocotte
1 mixer
1 jatte

- Laver le cresson, le couper grossièrement et le faire revenir au beurre.

- Éplucher les pommes de terre, les laver, les couper en dés. Les faire revenir avec le cresson. Saler, poivrer, couvrir avec l'eau chaude et laisser cuire 30 mn.

- Passer 1 ou 2 mn au mixer pour réduire en purée, verser dans une soupière où l'on a placé le cerfeuil haché et accompagner d'une jatte de crème fraîche.

Velouté du jardin**

Poireaux + pommes de terre + crème

Il faut :

2 l d'eau
sel
3 poireaux
5 pommes de terre
3 carottes
2 grosses noix de beurre
1 jatte de crème fraîche

Pour 4 personnes
Préparation : 20 mn
Cuisson : 50 mn

Ustensiles :
1 casserole
1 couteau
1 cocotte
1 mixer

- Faire bouillir l'eau salée dans une casserole.
- Éplucher les légumes, les laver*, les couper en gros morceaux et les faire revenir* au beurre dans la cocotte. Verser l'eau bouillante par-dessus et laisser cuire 50 mn.
- Passer au mixer, verser dans une soupière et accompagner d'une jatte de crème fraîche.

Suggestions

On peut faire de la même manière des veloutés à la tomate avec 4 tomates et 3 pommes de terre, ou au potiron avec 600 g de potiron, 3 oignons, 400 g de pommes de terre et 75 cl* de lait.

Cannelloni à la tomate**

Pâtes + tomates + fromage

Pour 4 personnes

Il faut :

12 cannelloni
1 œuf battu
200 g de tomates pelées* et
  concassées
100 g de gruyère râpé
100 g de chapelure
1 cuillère à soupe de persil haché
sel et poivre

Préparation : 20 mn
Cuisson : 30 mn
Four : 200°

beurre pour graisser le plat
1 boîte de tomates pelées de 380 g
1 cuillère à café d'origan en poudre

Ustensiles :

1 casserole
papier absorbant
1 bol
1 fourchette
1 jatte
1 couteau
1 râpe
1 plat à four

- Faire blanchir les cannelloni à l'eau bouillante salée pendant 5 mn. Les égoutter, les rincer à l'eau froide, les égoutter, les rincer encore à l'eau froide, les égoutter à nouveau et les sécher à plat sur du papier absorbant.

- Battre l'œuf dans un bol avec 1 fourchette.

- Mélanger les tomates fraîches, le fromage, la chapelure, le persil, le sel, le poivre, l'œuf ; en farcir les cannelloni et les placer dans un plat à four beurré.

- Écraser les tomates en conserve avec leur jus, ajouter l'origan, mélanger et verser sur les cannelloni.

- Faire cuire au four pendant 30 mn.

Menu 7 Escalopes de veau à la crème / **lourd**
Haricots verts à l'ail / **léger**

Escalopes de veau à la crème**

Escalopes + crème + ail

Pour 2 personnes

Préparation : 2 mn
Cuisson : 10-15 mn

Il faut :

50 g de beurre
2 escalopes de veau
4 cuillères à soupe de crème fraîche
1 petite gousse d'ail

Ustensiles :

1 poêle
1 spatule en bois
1 presse-ail

- Faire chauffer le beurre à feu doux dans la poêle, ajouter les escalopes et les retourner au bout de 5 à 7 mn pour les faire cuire aussi longtemps de l'autre côté.

- Quand elles sont cuites, les sortir de la poêle et les placer sur un plat de service chaud.

- Toujours à feu doux, ajouter la crème dans la poêle en grattant avec la spatule les sucs laissés par la viande. Laisser épaissir 1 mn, ajouter l'ail écrasé et verser la sauce sur la viande.

Suggestion

Servir avec des haricots verts surgelés que l'on fait cuire en suivant les instructions portées sur le paquet... Mais, si vous êtes courageux, préparez des haricots verts frais.

Haricots verts à l'ail**

Haricots + ail + persil + citron

Pour 4 personnes

Il faut :

1 kg de haricots verts
1 morceau de beurre, gros comme 1
  petit œuf
1 petit oignon haché
1 gousse d'ail
sel et poivre
jus de 1 citron
brins de persil

Ustensiles :

1 casserole
1 passoire
1 couteau
1 hachoir mécanique
1 presse-ail

Préparation : 20 mn
Cuisson : 20 mn

- Effiler les haricots, les laver et les faire cuire 20 mn à l'eau bouillante salée sans couvercle : ainsi, ils resteront bien verts (voir aussi Cuisson des haricots*). Quand ils sont cuits, les égoutter dans une passoire.

- Faire chauffer le beurre dans une poêle, et y faire dorer l'oignon, ajouter les haricots, la gousse d'ail écrasée. Saler, poivrer et faire sauter quelques minutes.

- Au moment de servir, arroser avec le jus de citron et décorer avec le persil.

Rouleaux à l'avocat*

Avocat + macédoine + jambon

Pour 4 personnes	**Il faut :**	**Ustensiles :**
	1 bocal de macédoine	1 passoire
	sel et poivre	1 jatte
	3 cuillères à soupe de mayonnaise*	1 couteau
	1 gros avocat	
	1 citron	
	8 tranches de jambon blanc, ni trop	
	minces, ni trop épaisses	
Préparation : 10 mn	brins de persil	

- Verser la macédoine dans une passoire, la rincer, l'égoutter et la placer dans une jatte. Ajouter du sel, du poivre, la mayonnaise, et mélanger.

- Couper l'avocat en 2, retirer le noyau, la peau, et couper la chair en tranches fines. Les arroser de jus de citron et les incorporer à la macédoine, en mettant quelques tranches de côté pour décorer.

- Répartir la macédoine sur les 8 tranches de jambon, les enrouler, les disposer sur un plat de service. Décorer avec les tranches d'avocat qui restent et quelques brins de persil.

Pommes de terre
en robe des champs**

Pommes de terre + beurre + herbes

Pour 4 personnes	Il faut :	Ustensiles :
	8 cuillères à café de beurre ou	*1 fourchette*
	de crème (1 par pomme de terre)	*1 couteau*
Préparation : 10 mn	*8 grosses pommes de terre*	
Cuisson : 1 h	*sel et poivre*	
Four : 200°	*1 bouquet de persil*	

- Sortir le beurre du réfrigérateur pour le ramollir.

- Piquer les pommes de terre avec une fourchette pour que la peau n'éclate pas. Les poser sur la grille du four, enfourner et faire cuire 1 heure.

- La cuisson terminée, retirer les pommes de terre du four sans se brûler* et les placer sur un joli plat de service.

- Faire une croix assez profonde avec 1 couteau sur le dessus de chaque pomme de terre et l'élargir pour y introduire le beurre ou la crème, le sel, le poivre et 1 brin de persil.

Suggestions

Découper un chapeau au sommet des pommes de terre, retirer la chair avec une cuillère et l'écraser dans une jatte avec du sel, du poivre, du beurre et de la ciboulette coupée fin, ou du fromage râpé et du paprika, selon l'humeur. Puis, garnir les pommes de terre avec le mélange.

Pamplemousses en salade*

Pamplemousses + concombre + pomme + sauce

Pour 4 personnes

Il faut :

2 pamplemousses
1/2 pomme rouge, épluchée et
  coupée en dés
1 morceau de concombre (7 cm),
  coupé en dés
8 olives noires, coupées en 2 et
  dénoyautées
1/2 cuillère à café de moutarde
sel et poivre

Préparation : 20 mn

3 cuillères à soupe d'huile

Ustensiles :

1 couteau pointu
1 jatte
1 bol

- Couper les pamplemousses en 2 et enlever la pulpe avec 1 couteau pointu, ou 1 couteau à pamplemousse. Retirer les séparations des tranches avec le couteau.

- Mélanger les dés de pomme, de concombre, les olives avec la pulpe dans une jatte et répartir dans les demi-pamplemousses évidés.

- Mettre la moutarde, le sel, le poivre dans un bol et ajouter l'huile goutte à goutte en tournant, pour faire une sauce moutarde. Verser la sauce sur la salade de pamplemousses.

Suggestion

On peut remplacer les olives noires par des raisins noirs coupés en deux.

104

Escalopes viennoises**

Escalopes de veau + chapelure + citron

Pour 2 personnes	Il faut :	Ustensiles :
	farine assaisonnée de sel et de poivre	*3 assiettes*
	1 œuf battu	*1 fourchette*
	10 cuillères à soupe de chapelure	*1 couteau*
	2 fines escalopes de veau	*1 poêle*
Préparation : 10 mn	*100 g de beurre*	*papier absorbant*
Cuisson : 5 mn	*quartiers de citron*	

- Placer la farine dans une assiette, l'œuf dans une deuxième, et la chapelure dans une troisième.

- Entailler le bord des escalopes pour qu'elles ne s'enroulent pas à la cuisson et les passer dans la farine, puis dans l'œuf, puis dans la chapelure. Appuyer avec une spatule pour que la chapelure adhère bien.

- Faire chauffer le beurre dans la poêle et y faire dorer les escalopes 2 mn de chaque côté. Quand elles sont cuites, les égoutter sur du papier absorbant et les servir immédiatement avec des quartiers de citron.

Tomates savoureuses**

Tomates + fromage blanc + lard + oignon

Pour 4 personnes

Il faut :

*4 tranches de poitrine fumée
  découennée, coupées fin
1 petit oignon haché
150 g de fromage blanc
1 cuillère à soupe de ciboulette
  hachée
sel et poivre*

Préparation : 20 mn   *4 belles tomates*

Ustensiles :

*1 poêle
1 jatte
1 couteau*

- Dans une poêle, faire frire le lard à feu doux. Ajouter l'oignon en tournant pour qu'il fonde*.

- Égoutter l'oignon et le lard, et les incorporer au fromage blanc avec la ciboulette, le sel et le poivre.

- Couper un chapeau au sommet des tomates, les évider avec un couteau pointu, les remplir avec le mélange et replacer les chapeaux par-dessus.

Spaghetti carbonara**

Spaghetti + lard + œufs

Pour 4 personnes

Il faut :

500 g de spaghetti
1 feuille de laurier
1/2 cuillère à café de thym
1 cuillère à café d'huile
8 tranches de poitrine fumée hachée
50 g de beurre
2 œufs entiers
2 jaunes d'œufs
4 cuillères à soupe de crème
sel et poivre
25 g de parmesan

Ustensiles :

1 casserole
1 couteau
1 poêle
1 jatte

Préparation : 5 mn
Cuisson : 10 mn

- Faire cuire les spaghetti 8 mn dans l'eau bouillante salée avec le laurier, le thym et l'huile.

- Hacher la poitrine fumée et la faire dorer à la poêle sans matière grasse.

- Égoutter les spaghetti, les verser dans une jatte et incorporer le beurre et la poitrine grillée. Tenir au chaud à four très doux.

- Mélanger les œufs, les jaunes d'œufs, la crème, le sel, le poivre, et faire épaissir le mélange dans la poêle à feu doux, pendant 3 mn.

- Verser sur les spaghetti et mélanger, puis saupoudrer de parmesan.

Soufflé au fromage**

Béchamel + gruyère + blancs d'œufs

Pour 4 personnes

Il faut :

90 g de beurre
2 cuillères à soupe de farine
40 cl* de lait
5 œufs, blancs séparés des jaunes
200 g de gruyère râpé
1 pincée de noix de muscade
sel et poivre

Ustensiles :

1 casserole
1 cuillère en bois
1 jatte
1 fouet
1 moule à soufflé

Préparation : 20 mn
Cuisson : 30 mn
Four : 190°

- Faire fondre le beurre dans une casserole, ajouter la farine et l'incorporer au beurre. Mouiller avec le lait (c'est-à-dire ajouter le lait peu à peu comme pour la béchamel*) et tourner pour obtenir une pâte lisse.

- Hors du feu, lorsque la sauce a un peu refroidi, incorporer les jaunes d'œufs l'un après l'autre en tournant, puis le gruyère et la muscade.

- Monter les blancs d'œufs en neige très ferme* et les incorporer* avec précaution au mélange précédent. Saler légèrement, poivrer.

- Beurrer un moule à soufflé et le remplir aux 2/3 seulement : rempli davantage, il déborderait. Faire cuire au four 30-35 mn et servir immédiatement.

Brochettes d'agneau**

Viande + légumes + huile aromatisée

Pour 4 personnes	Il faut :	Ustensiles :
	thym et romarin	*1 bol*
	5 cl* d'huile	*1 fourchette*
	1 poivron vert	*4 brochettes*
	4 tomates	*1 pinceau*
	12 champignons de Paris	
	12 petits oignons blancs entiers	
	500 g de gigot ou d'épaule	
Préparation : 20 mn	*d'agneau, coupé en cubes par le*	
Cuisson : 10-15 mn sous le gril	*boucher*	

- Faire mariner le thym et le romarin dans l'huile.

- Laver et sécher les légumes. Couper le poivron en 2, retirer les graines, les parties blanches et le couper en 12. Couper les tomates en 4. Équeuter et laver les champignons*.

- Piquer la viande et les légumes sur les brochettes en alternant les couleurs (pour ne pas vous transpercer la paume, prenez dans une main une fourchette contre laquelle vous maintiendrez les éléments à embrocher et traversez-les avec les brochettes qui passeront ensuite entre les dents de la fourchette).

- Avec un pinceau, badigeonner la viande et les légumes avec l'huile aromatisée.

- Placer les brochettes dans le tourne-broche ou sur la grille du four (il faut alors les retourner toutes les 5 mn), placer la lèchefrite par-dessous, pour recueillir le jus, et laisser cuire 10-15 mn sous le gril.

Suggestion

Servir les brochettes avec du riz blanc. Pour faire le riz blanc, verser 1 part de riz dans 2 parts d'eau froide dans une casserole avec un couvercle. Porter à ébullition, puis laisser cuire couvert 15 mn environ à feu doux, le temps que toute l'eau soit absorbée.

RÉALISER

UN

DESSERT

Y a-t-il un dessert, aujourd'hui ? Ou plutôt : Quel est le dessert, aujourd'hui ? La question est fréquente : en effet, que serait un repas sans dessert ? Moment le plus attendu, c'est sans doute le meilleur du repas, puisque les parents l'utilisent pour punir les enfants. Vous souvenez-vous d'avoir été privés de soupe ? Le dessert représente le summum, l'apothéose, la partie du repas qui prend un air de fête. Il peut même donner à un dîner léger des allures de festin. Les salades de fruits, les crèmes, les gâteaux, sont toujours aussi beaux à voir que délicieux à déguster.

Il en va du dessert comme du reste du repas : un dîner léger appelle un dessert plus nourrissant, un dîner assez riche réclame un dessert plus léger. Il faut encore tenir compte des saisons qui gouvernent plus ou moins tacitement. Il est difficile, en effet, de trouver certains fruits hors saison. L'été, on aura plus envie de crèmes, de salades de fruits ou de glaces, tandis que l'hiver, on se régalera avec des profiteroles, de la mousse au chocolat, des tartes ou des gâteaux.

Le dessert peut être copieux : il n'y en aura jamais trop. Et, s'il en reste, on le retrouvera au petit déjeuner ou au goûter. On peut même emporter une part de gâteau à l'école.

Le dessert est beau, il est bon. Appétissant, il réveille une faim calmée pourtant par les plats qui l'auront précédé. C'est la raison pour laquelle il ne faut pas en abuser : il contient, il est vrai, beaucoup de sucre — élément très énergétique, mais qui peut amener certains troubles, dont les caries dentaires. Pour ceux qui ont tendance à l'embonpoint, certains desserts trop riches peuvent être contre-indiqués. C'est souvent avec le dessert que l'on attrape une indigestion !

Ce dernier plat qui couronne le repas est important encore car c'est lui qui va déterminer le souvenir que l'on en gardera, en apportant sa note de gaieté : il faut donc le soigner.

Melon aux raisins*

Melon + citron + raisin

Pour 2 personnes	Il faut :	Ustensiles :
	1 petit melon bien mûr	*1 couteau*
	jus de 1 citron	*1 petite cuillère*
Préparation : 15 mn	*1 petite grappe de raisin*	*1 jatte*
		papier d'aluminium

- Couper le melon en 2 et retirer les graines avec une petite cuillère. Enlever la peau et couper la chair en petits cubes.

- Arroser avec le jus de citron, mélanger et ajouter les grains de raisin après avoir enlevé leur peau.

- Placer au réfrigérateur en recouvrant de papier d'aluminium.

Suggestion

Pour arroser les fruits, faire bouillir 12 cl* d'eau avec 2 ou 3 cuillères à soupe d'eau ou de miel et 1/4 cuillère à café d'eau de fleur d'oranger (ou 1 goutte de vanille liquide ou 1 pincée de cannelle en poudre). Laisser refroidir légèrement le sirop obtenu et le verser sur les fruits.

Délice à l'orange*

Oranges + crème + fruits + chocolat

Pour 4 personnes	Il faut :	Ustensiles :
	4 grosses oranges	1 couteau
	30 cl* de crème fraîche	1 bol
	75 g de noix hachées	1 fouet
	50 g de cerises confites hachées	1 moulinette
Préparation : 15 mn	50 g de chocolat à croquer râpé	1 râpe

- Couper un chapeau au sommet de chaque orange et évider l'intérieur à l'aide d'un couteau pointu.

- Hacher la pulpe dans un bol et recueillir 2 cuillères à soupe de jus, puis replacer la pulpe à l'intérieur des oranges.

- Battre la crème pour qu'elle épaississe et incorporer le jus d'orange, les noix et cerises hachées, et le chocolat râpé.

- Répartir la crème dans chaque orange et les placer au réfrigérateur jusqu'au moment de servir.

Mousse au miel*

Yaourt + miel + blancs d'œufs

Pour 3 personnes	Il faut :	Ustensiles :
	1,5 cuillère à soupe de miel liquide réchauffé	*1 verre*
	zeste râpé et jus de 1/2 citron	*1 râpe*
	1 pot de yaourt nature	*1 presse-fruits*
	1 blanc d'œuf	*2 jattes*
Préparation : 30 mn	*zestes de citron pour décorer*	*1 fouet*

Ce dessert ne doit pas être préparé plus de 2 heures à l'avance, sinon la mousse se dissocierait*.

- Réchauffer le miel dans un verre au bain-marie*.

- Râper le zeste et presser le jus du demi-citron. Les mélanger avec le yaourt et le miel dans une jatte.

- Monter le blanc d'œuf en neige très ferme* dans une autre jatte et l'incorporer délicatement* au mélange précédent.

- Répartir la mousse dans trois verres, décorer avec des zestes de citron et placer au réfrigérateur jusqu'au moment de servir.

Melon vert au citron*

Melon + citron + sucre

Pour 4 personnes	Il faut :	Ustensiles :
	1 melon vert d'Espagne bien mûr	*1 couteau*
	jus et zeste râpé de 2 citrons	*1 petite cuillère*
	1 cuillère à soupe de sucre	*1 moule à pomme de terre*
	rondelles de citron	*1 jatte*
Préparation : 15 mn	*feuilles de menthe pour décorer*	*papier d'aluminium*
		1 presse-fruits
		1 râpe
		1 petite casserole
		1 mixer

- Couper le melon en 2 et retirer les graines à l'aide d'une petite cuillère.

- Creuser la chair avec un moule à pomme de terre pour obtenir des petites boules et les placer au réfrigérateur dans une jatte couverte de papier d'aluminium.

- Faire bouillir le jus et le zeste de citron, avec le sucre et 4 ou 5 boules de melon pendant 5 mn. Passer le mélange au mixer pour faire le sirop et laisser refroidir.

- Répartir le melon dans des coupes individuelles et verser un peu de sirop par-dessus. Pour agrémenter, disposer 1 rondelle de citron et des feuilles de menthe dans chaque coupe.

Oranges à l'italienne*

Oranges + sucre + eau

Pour 6 personnes

Préparation : 10 mn + 5 mn (1 h
          après)

Il faut :

6 oranges
200 g de sucre
50 cl* d'eau
1 blanc d'œuf monté en neige
 ferme*

Ustensiles :

1 râpe fine
1 presse-fruits
1 casserole
1 bac à glace
1 jatte
1 bol
1 fouet

- Râper le zeste de 2 oranges, couper les 6 oranges en 2 et presser leur jus.

- Dans une casserole, faire fondre le sucre dans l'eau à feu doux. Ajouter le zeste et laisser frémir 10 mn. Laisser refroidir, incorporer le jus d'orange et verser dans un bac à glace.

- Placer le bac 1 heure au congélateur, pour que le mélange glace à moitié.

- Vider le bac à glace dans une jatte, battre à la fourchette*, puis incorporer* délicatement le blanc d'œuf battu en neige. Remplir à nouveau le bac et le remettre au congélateur.

- Pour servir, présenter dans des coupes individuelles ou dans les écorces d'orange évidées : dans ce cas, il faut couper une tranche à la base, pour que l'orange tienne d'aplomb.

Suggestions

On peut faire de la même manière des citrons, des pamplemousses, des ananas givrés.

Meringue glacée à la vanille**

Glace + vanille + œufs

Pour 4 personnes	Il faut :	Ustensiles :
	60 cl* de lait	1 casserole moyenne
	100 g de sucre cristallisé	1 récipient en plastique
	1/4 cuillère à café de vanille liquide	1 jatte
	2 blancs d'œufs	1 fouet
Préparation : 20 mn	50 g de chocolat à croquer râpé	1 fourchette
		1 râpe

- Porter à ébullition le lait et le sucre dans une casserole. Ajouter la vanille, laisser refroidir et verser le mélange dans un récipient en plastique que l'on place 1/2 heure au congélateur. Sortir le récipient, battre la glace à la fourchette pour dissoudre les cristaux et remettre 1/2 heure au froid.

- Monter les blancs en neige très ferme*.

- Sortir la glace du réfrigérateur, la verser dans une jatte, la battre à la fourchette pour dissoudre les cristaux et incorporer délicatement les blancs*.

- Reverser le mélange dans le récipient en plastique et le replacer au congélateur.

- Au moment de servir, répartir des cuillerées de glace dans des coupes ou de grands verres. Râper le chocolat sur la glace et disposer quelques feuilles de menthe dans chaque coupe.

Salade exotique**

Fruits + sirop + cannelle

Pour 6-8 personnes	Il faut :	Ustensiles :
	2 cuillères à soupe de sucre	*1 casserole*
	5 cuillères à soupe d'eau	*1 couteau*
	3 cuillères à soupe de jus de citron	*1 saladier*
	1/2 cuillère à café de cannelle	
	1 orange	
	1 ananas moyen, bien mûr	
	200 g de mangues fraîches	
Préparation : 30 mn	*300 g de lychees*	

- Faire un sirop dans une casserole, en chauffant à feu doux le sucre et l'eau, 10 mn environ. Laisser refroidir et incorporer le jus de citron et la cannelle.

- Peler tous les fruits, couper l'orange en quartiers, l'ananas en cubes, les mangues en lamelles. Enlever le noyau des lychees.

- Placer les fruits dans un saladier, verser le sirop par-dessus et placer 1 heure au réfrigérateur avant de servir.

Suggestion

On peut remplacer les mangues par des pêches ou des abricots.

Mousse au chocolat**

Chocolat à croquer + œufs + beurre

Pour 4 personnes	Il faut :	Ustensiles :
	5 œufs, blancs séparés des jaunes*	2 jattes
	150 g de sucre	1 bol
	300 g de chocolat à croquer	1 fouet
	1 cuillère à soupe d'eau	1 petite casserole
	75 g de beurre ramolli	1 cuillère en bois
Préparation : 25 mn	1 pincée de sel	

- Battre au fouet dans une jatte les jaunes d'œufs et le sucre pour obtenir un mélange blanc et crémeux : on dit qu'il fait le ruban.

- Faire fondre le chocolat et l'eau dans une petite casserole à feu très doux, sans le faire cuire, pour obtenir une pâte lisse. S'il a commencé à cuire, ne vous désespérez pas : ajoutez plutôt, hors du feu, une goutte d'eau en remuant.

- En tournant rapidement, verser le chocolat sur les jaunes. Ajouter le beurre en remuant pour qu'il fonde.

- Mettre une pincée de sel dans les blancs d'œufs et les monter en neige très ferme*.

- Incorporer les blancs délicatement* au mélange œufs-chocolat.

- Laisser reposer une journée ou une nuit au réfrigérateur.

Suggestion

Présenter la mousse au chocolat dans une soupière ou un saladier blanc, ou dans de petits pots individuels. Ajouter, si l'on veut, une rosette de crème fouettée* par-dessus.

Clafoutis**

Pâte + cerises

Pour 6 personnes

Il faut :

2 œufs
20 cl* de crème fraîche
100 g de farine
1 sachet de levure chimique
1 pincée de sel
100 g de sucre
500 g de cerises noires équeutées
30 g de beurre

Ustensiles :

2 jattes
1 fouet
1 cuillère en bois
1 plat à four

Préparation : 15 mn
Cuisson : 45 mn
Four : 180°

- Battre les œufs avec la crème dans une jatte.

- Mélanger la farine, la levure, le sel, le sucre dans une autre jatte et verser les œufs et la crème dans un puits creusé au centre.

- Tourner pour obtenir une pâte homogène et ajouter les cerises.

- Verser la pâte dans un plat à four beurré et déposer de petits morceaux de beurre à la surface.

- Poser le plat sur la grille au milieu du four et laisser cuire 45 mn.

Crème aux œufs**

Œufs + crème + sucre

Pour 4 personnes	Il faut :	Ustensiles :
	60 cl* de crème fraîche	2 jattes
Préparation : 10 mn	4 jaunes d'œufs	1 fouet
Cuisson : 1 h	75 g de sucre	4 ramequins
Four : 160°	1 cuillère à café de vanille liquide	1 plat à four

- Mettre la crème au bain-marie* dans une jatte et porter à ébullition.

- Battre les jaunes d'œufs dans une autre jatte, avec 50 g de sucre et la vanille, pour obtenir un mélange blanc et crémeux.

- Incorporer la crème et verser dans les ramequins que l'on place au bain-marie* dans un plat à four. Faire cuire au four 1 heure.

- Quand la crème est prise, sortir le plat du four* avec précaution. Laisser refroidir les ramequins et les placer au réfrigérateur une nuit.

- Sortir les ramequins du réfrigérateur, saupoudrer le reste de sucre et passer quelques minutes sous un gril chaud pour faire caraméliser le sucre.

Suggestion

Accompagner de fraises au sucre.

Baba aux fruits***

Pâte + vanille + fruits

Pour 6 personnes	Il faut :	Ustensiles :
	Pour la pâte :	*1 bol*
	2 œufs	*1 jatte*
	4 cuillères à soupe de lait	*1 moule à baba*
	6 cuillères à soupe de farine	*1 petite casserole*
	6 cuillères à soupe de sucre	
	1 sachet de levure chimique	
	Pour le sirop :	
Préparation : 20 mn	*50 cl* d'eau*	
Cuisson : 30 mn	*250 g de sucre*	
Four : 200°	*1 cuillère à soupe de vanille liquide*	

Préparé la veille, ce gâteau sera encore meilleur, car il aura le temps de s'imprégner du parfum de la vanille.

- Battre les œufs et le lait dans un bol.

- Mélanger la farine, le sucre et la levure dans une jatte et y incorporer le contenu du bol en tournant.

- Verser la pâte obtenue dans le moule à baba beurré et faire cuire au four 30 mn.

- Dix minutes avant la fin de la cuisson, faire chauffer sans bouillir les éléments du sirop, pour que le sucre fonde, et verser sur le baba sans le démouler, dès qu'il sort du four.

- Lorsque le baba a absorbé le sirop, démouler sur un plat de service.

Suggestions

Présenter, au centre du baba, une salade de fruits de saison, que l'on peut recouvrir de crème fouettée*.
Si l'on fait ce gâteau pour des grandes personnes, on peut remplacer la vanille par 5 cuillères à soupe de rhum.

Profiteroles à la crème fouettée****

Choux + crème fouettée + sauce au chocolat

Pour 5 personnes

Il faut :

Pour la pâte :
25 g de beurre
15 cl* d'eau
75 g de farine
2 œufs battus

Pour la crème :
25 cl* de crème fouettée

Pour la sauce au chocolat :
200 g de chocolat à croquer
50 g de beurre
5 cl* de lait

Ustensiles :

1 casserole
1 cuillère en bois
1 plaque à pâtisserie, beurrée et
  farinée
1 jatte
1 fouet

Préparation : 15 mn
Cuisson : 35 mn
Four : 200°

- Faire fondre le beurre dans l'eau et porter à ébullition quand le beurre a fondu.

- Hors du feu, verser la farine dans l'eau et mélanger pour obtenir une pâte homogène. Replacer sur le feu et tourner jusqu'à ce qu'elle se détache des bords.

- Laisser refroidir et ajouter les œufs battus, cuillerée par cuillerée, en mélangeant bien à chaque fois : si l'on va trop vite, la pâte se ramollit.

- Poser des boules de pâte sur la plaque à pâtisserie et faire cuire les petits choux au four 30 à 35 mn.

- Sortir les choux du four*, pratiquer une fente au milieu de chacun d'eux et les remplir de crème fouettée* quand ils sont froids.

- Faire fondre le chocolat, le beurre et le lait au bain-marie*, pour obtenir un mélange lisse, et verser la sauce chaude sur les profiteroles.

INDEX PRATIQUE

INDEX DES RECETTES

Texte français de Monique Souchon - Maquette de Marie-France Godon
Première édition 1983 by Librairie Gründ, Paris
© 1983 texte, Librairie Gründ, Paris - © 1983 illustrations, Octopus Books Limited, Londres
ISBN 2-7000-5606-X - Dépôt légal : septembre 1983
Produced by Mandarin Offset - 22a Westlands Road, Quarry Bay, Hong Kong
Photocomposition : P.F.C. Dole - Imprimé à Hong Kong

Remerciements

Les éditeurs remercient les personnes et organismes suivants qui les ont aimablement autorisés à reproduire les illustrations de cet ouvrage : Bryce Attwell 8/9, 14, 15, 16, 17 (en haut et en bas), 58, 62, 68 (3 à gauche), 70, 86, 106, 112, 136 ; Melvin Grey 10, 13, 17 (centre), 22, 34, 46, 51, 54, 60, 98, 103, 118, 124, 130, 133, 140 ; Norman Nicholls 25, 40, 85, 119 ; Brown & Polson 2 ; Tate & Lyle Ltd 18 ; Rex Bamber 19 ; Denis Hughes-Gilbey 20, 72, 135 ; Carmel Produce Information Bureau 37, 101 ; British Egg Information Service 39, 83, 137 ; Cedus 45, 61, 139 ; Bacofoil Information Service 47 ; Cadbury Schweppes Food Advisory Service, Bournville, Birmingham 50, 132 ; PAF International 53 ; Peter Myers 55 ; Eden Vale 63, 120 ; Roger Phillips 64 ; Sopexa 66 ; RHM Foods Ltd 69 ; Mazola Pure Corn Oil 71 ; Princes-Buitoni 75 ; Pointerware (UK) Ltd 87 ; British Meat Promotion Executive 90 ; Syndication International 94, 104 ; Jif Lemon Bureau 97 ; David Mellor Ironmonger 100 ; Fyffes Group 105 ; Taunton Cider Kitchen 109 ; John West Foods 111 ; Dutch Dairy Bureau 113 ; Kraft Foods Ltd 116 ; Dairy Produce Advisory Service of the Milk Marketing Board 129, 121 ; Gales Honey 123 ; Paul Williams 141 ; Paul Kemp 44, 48, 57, 89, 95, 110, 128 ; John Lee 78.
La photo de couverture a été réalisée pour le Cedus par Henri Yeru.